Dedication

For Princess Aleyna my beautiful singer, Princess Ariana my #1 cheerleader, Princess Eliana my spirited dancer, Princess Kaylani my sweet angel, Prince Daniel my bundle of laughter and Baby Aziel our very own God given Miracle.

The real princesses and princes of our castle.

Thanks to my husband and family for always believing in me.

Thank you, Yari, and Daisy, for always answering my calls.

Para a la Princesa Aleyna mi hermosa cantante, Princesa Ariana mi animadora #1, Princesa Eliana mí enérgica bailarina, Princesa Kaylani mi dulce ángel, príncipe Daniel mi manojo de risas y al Bebe Aziel nuestro propio Milagro de Dios.

Las verdaderas princesas y príncipes de nuestro castillo.

Gracias a mi esposo y familia por siempre creer en mí.

Gracias, Yari y Daisy por siempre contestar mis llamadas.

Many years ago, the people of God became slaves to the Egyptians. When God told Pharoah to let His people go, he refused. So, God did many miracles to set them free. These are some of the miracles God did after they were free and wandered in the dessert. Thank God he did the wonderful things He did because just think "What if God hadn't?

Muchos años atrás el pueblo de Dios fue esclavo e los egipcios. Cuando Dios le dijo a Faraón que los dejase ir, el rehusó. Entonces Dios hizo muchos milagros para que fuesen libres. Estos son algunos de los milagros que Dios hizo después que fueron libres y anduviesen en el desierto. Gracias a Dios por hacer las maravillas que hizo. ¿Porque solo piense "Que hubiese sido si Dios no lo hubiese hecho"?

What if God hadn't provided His people with a pillar of cloud?

¿Y si Dios no hubiese provisto una columna de nube?

The people would have never found their way. The pillar of cloud was a visible guide during the day leading them through the desert. It reminded them that God was present. It also protected them from the hot sun. God never wants us to feel like He is absent, He is always there. He never leaves or abandons us. He is our ever-present help in times of trouble.

"God is our refuge and strength, an ever-present help in trouble."
Psalms 46:1

El pueblo nunca hubiera encontrado el camino. La columna de nube era un guía visible durante el día que los guiaba por el desierto. Les recordaba que Dios estaba presente. También los protegía del sol caliente. Dios no quiere que pensemos que Él está ausente, El siempre esta. Él nunca nos deja o nos abandona. Él es nuestro pronto auxilió en la dificultad.

"Dios es nuestro amparo y fortaleza, nuestro pronto auxilio en las tribulaciones."
Salmos 46:1

What if God hadn't provided his people with a pillar of fire?

¿Y si Dios no hubiese provisto una columna de fuego?

They would have been cold and without light at night. The pillar of fire like the cloud served as a guiding light for the people. God never wants us to be in darkness or cold. He is always our light and guide.

"When Jesus spoke again to the people, he said, 'I am the light of the world. Whoever follows me will never walk in darkness, but will have the light of life."
John 8:12

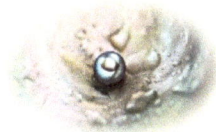

Ellos hubieran estado con frio y sin luz en la noche. La columna de fuego como la nube les servía como una luz que los guiaba. Dios nunca quiere que andemos en oscuridad o con frio. Él siempre es nuestra luz y guía.

"Jesús les habló otra vez, diciendo: 'Yo soy la luz del mundo; el que me sigue, no andará en tinieblas, sino que tendrá la luz de la vida."
Juan 8:12

What if God hadn't parted the Red Sea?

¿Y si Dios no hubiese abierto el Mar Rojo?

His People would have never been able to escape the army of Egyptians following them. God parted the sea, to help them walk on dry ground and cross to freedom. While they were in Egypt, they were slaves, the Egyptians mistreated them and often would harm them. God wants His people to live in His freedom and not as slaves. He always protects His people from their enemies. He is our mighty Savior.

God is our Refuge and strength, always ready to help in times of trouble.
Psalms 46 :1

Su pueblo nunca hubiese podido escapar del ejercito egipcio que le seguía. Dios abrió el mar para ayudarles a caminar en tierra seca y cruzar al otro lado a la libertad. Mientras ellos estaban en Egipto eran esclavos. Los egipcios los maltrataban y en muchas ocasiones los herían. Dios quiere que Su pueblo viva en libertad y no en esclavitud. El siempre protege a Su pueblo de sus enemigos. Él es nuestro Salvador.

Dios es nuestro refugio y nuestra fuerza; nuestra ayuda en momentos de angustia.
Salmos 46:1

What if God hadn't sweetened the waters of Marah?

¿Y si Dios no hubiese endulzado las aguas de Mara?

They would have dehydrated. They had walked for three days without water after crossing the Red Sea. They needed water to survive. They would have gone thirsty if God hadn't sweetened the water, for the water was too bitter to drink. God always listens to His people when they call unto Him. They cried unto Him and He responded. He always takes what is bad and changes it for good. He is our miracle worker.

You are the God of Great Wonders! You demonstrate your awesome power among the nations.
Psalms 77:14

Ellos se hubieran deshidratado. Ellos habían caminado por tres días sin agua después de cruzar el Mar Rojo. Necesitaban agua para sobrevivir. Ellos hubieran muerto de sed si Dios no hubiese endulzado las aguas pues eran muy amargas para beber. Dios siempre escucha cuando su pueblo le llama. Ellos le imploraron y El respondió. Él siempre toma las cosas malas y las cambia para bien. Él es nuestro hacedor de milagros.

¡Tú eres el Dios que hace maravillas! ¡Diste a conocer tu poder a las naciones!
Salmos 77:14

What if God hadn't fed His people with manna and quail?

¿Y si Dios no le hubiese provisto maná y codornices para comer a su pueblo?

Without manna His people would have died from hunger in the dessert. Manna was something like bread that God sent from the heavens in the morning and quail was meat He sent at night. God wants us to know that he always supplies all our needs. We can trust Him even in tough times. He is our provider.

For he satisfies the thirsty and fills the hungry with good things.
Psalms 107:9

Sin el maná el pueblo de Dios se hubiese muerto de hambre en el desierto. El maná era un pan que Dios enviaba desde el cielo por las mañanas y las codornices era carne que Él enviaba por las noches. Dios quiere que conozcamos que el siempre suple nuestras necesidades. Podemos confiar en Dios aun en los momentos difíciles. Él es nuestro proveedor.

Pues el apaga la sed del sediento y da abundante comida al hambriento.
Salmos 107:9

What if God hadn't given the Ten Commandments?

¿Y si Dios no hubiese dado los Diez Mandamientos?

His people would have lived not knowing right from wrong. Without rules and instructions people hurt one another and conflicts may start. God wants His people to always live safely and in peace doing what is right by each other. He is love and wants us to live in His love, loving one another. He is our peace and joy.

"I am leaving you with a gift-peace of mind and heart. And the peace I give is a gift the world cannot give. So do not be troubled or afraid.
John 14:27

Su pueblo hubiese vivido sin conocer lo bueno de lo malo. Sin reglas o instrucciones la gente se hiere uno al otro y conflictos pueden suceder. Dios quiere que su pueblo viva siempre seguro y en paz, haciendo lo correcto para con otros. Él es amor y quiere que vivamos en Su amor amándonos unos a otros. Él es nuestra paz y gozo.

Les dejo la paz. Les doy mi paz, pero no se la doy como la dan los que son del mundo.
Juan 14:27

The People wandered in the desert for 40 years and these are just some of the miracles God did to save, protect, and keep them from harm. He did it for them and He will also do it for you too.

Never Forget God's goodness and favor, His love and mercies are new every morning.

The steadfast love of the Lord never ceases,
His mercies never come to an end;
they are new every morning; great is your faithfulness.
Lamentations 3:22-23

El pueblo camino por el desierto por 40 años estos son algunos de los milagros que Dios hizo para salvarlos, protegerlos y cuidarlos de peligro. Lo hizo por ellos y lo hará por ti también.

Nunca olvides la bondad y el favor de Dios. Su amor y misericordia son nuevas cada mañana.

El amor del SEÑOR no tiene fin,
Ni se han agotado sus bondades.
Cada mañana se renueva;
¡Qué grande es su fidelidad!
Lamentaciones 3:22-23

Pillar of Cloud and Pillar of Fire

The LORD went ahead of them. He guided them during the day with a pillar of cloud, and he provided light at night with a pillar of fire. This allowed them to travel by day or by night.
Exodus 13:21

The parting of the Red Sea

Then Moses raised his hand over the sea, and the LORD opened up a path through the water with a strong east wind. The wind blew all that night, turning the seabed into dry land. So the people of Israel walked through the middle of the sea on dry ground, with walls of water on each side!
Exodus 14:21-22

God Sweetens the Waters of Marah

Then Moses led the people of Israel away from the Red Sea, and they moved out into the desert of Shur. They traveled in this desert for three days without finding any water. When they came to the oasis of Marah, the water was too bitter to drink.

Then the people complained and turned against Moses. "What are we going to drink?" they demanded. So then Moses cried out to the LORD for help, and the LORD showed him a piece of wood. Moses threw it into the water, and this made the water good to drink.
Exodus 15:22-23, 25

La Columna de Nube y la Columna de Fuego

De día, el Señor los acompañaba en una columna de nube para señalarles el camino; y de noche, en una columna de fuego para alumbrarlos. Así pudieron viajar de día y noche. La columna de nube siempre iba delante de ellos durante el día, y la columna de fuego durante la noche.
Éxodo 13:21-22

El Mar Rojo es Abierto

Moisés extendió su brazo sobre el mar y el Señor envió un fuerte viento del este que soplo durante toda la noche y partió el mar en dos. Así el Señor convirtió el mar en tierra seca, y por tierra seca lo cruzaron los israelitas, entre dos murallas de agua, una a la derecha y otra a la izquierda.
Éxodo 14:21-22

Las Aguas de Mará son Endulzadas

Moisés hizo que los israelitas se alejaran del Mar Rojo. Entonces ellos se fueron al desierto de Sur, y durante tres días caminaron por él, encontrar agua. Cuando llegaron a Mará, no pudieron beber el agua que allí había, porque era amarga.

Entonces Moisés pidió ayuda al Señor, y el le mostro un arbusto. Moisés echo el arbusto al agua, y el agua se volvió dulce.
Éxodo 15:22-23, 25

The Lord Send Manna and Quail

Then the LORD said to Moses, "I have heard the Israelites' complaints. Now tell them, 'In the evening you will have meat to eat, and in the morning you will have all the bread you want. Then you will know that I am the LORD your God."
Exodus 16:11-12

God Gives the Ten Commandments

The God gave the people all these instructions.
Exodus 20:1

Dios envía Mana y Codornices

Y Jehová habló a Moisés, diciendo: Yo he oído las murmuraciones de los hijos de Israel; háblales, diciendo: Al caer la tarde comeréis carne, y por la mañana os saciaréis de pan, y sabréis que yo soy Jehová vuestro Dios.
Éxodo 16:11-12

Dios da los Diez Mandamientos

Dios hablo, y dijo todas estas palabras:
Éxodo 20:1

God is our Help

Psalms 46:1

God is our refuge and strength, always ready to help in times of trouble.

God is our light

John 8:12

"I am the light of the world. If you follow me, you won't have to walk in darkness, because you will have the light that leads to life."

God is our Savior

Psalms 27:1

The LORD is my light and my salvation- so why should I be afraid?

God is our Miracle Worker

Psalms 77:14

You are the God of Great Wonders! You demonstrate your awesome power among the nations.

God is our Provider

Psalms 107:9

For he satisfies the thirsty and fills the hungry with good things.

God is our Peace

John 14:27

"I am leaving you with a gift-peace of mind and heart. And the peace I give is a gift the world cannot give. So do not be troubled or afraid.

Dios es Nuestra Ayuda

Salmos 46:1

Dios es nuestro refugio y nuestra fuerza; nuestra ayuda en momentos de angustia.

Dios es Nuestra Luz

Juan 8:12

"Yo soy la luz del mundo; el que me sigue, tendrá la luz que le da vida, y nunca andará en la oscuridad."

Dios es Nuestro Salvador

Salmos 27:1

El Señor es mi luz y mi salvación, ¿De quién podre tener miedo? El Señor defiende mi vida, ¿A quién habré de temer?

Dios es Nuestro Hacedor de Milagros

Salmos 77:14

¡Tú eres el Dios que hace maravillas! ¡Diste a conocer tu poder a las naciones!

Dios es Nuestro Proveedor

Salmos 107:9

Pues el apaga la sed del sediento y da abundante comida al hambriento.

Dios es Nuestra Paz

Juan 14:27

Les dejo la paz. Les doy mi paz, pero no se la doy como la dan los que son del mundo. No se angustien ni teangan miedo.

My Prayer for you is that you always trust God. You may experience tough times or moments that might make you sad. But just know that you can always call unto God and He will be there to help.

Mi oración para ti es que siempre confíes en Dios. Puedes experimentar momentos difíciles o momentos que te hagan sentir triste. Mas solo piensa que siempre puedes llamar a Dios y El estará presente para ayudarte.

Author's Bio

Kay Diaz was born in Worcester, Massachusetts and now resides in Lakeland Florida. She has been an educator for over 25 years, she is mother to five lovely children and the memaw to six beautiful vibrant joyful grandbabies.
A graduate of Palm Beach Atlantic University and a Pastor whose passion is sharing the Gospel.
She loves music, reading and traveling.

Biografía del Autor

Kay Diaz nació en Worcester, Massachusetts y ahora reside en Lakeland Florida. Ha sido educadora durante más de 25 años, es madre de cinco encantadores niños y abuela de seis hermosos, vibrantes y alegres nietos.
Graduada de la Universidad de Palm Beach Atlantic, Pastora cuya pasión es compartir el Evangelio.
Le encanta la música, la lectura y viajar.

www.ingramcontent.com/pod-product-compliance
Lightning Source LLC
LaVergne TN
LVHW072135070426
835513LV00003B/115